Erik Flügge
Nicht heulen, sondern handeln

Erik Flügge

Nicht heulen, sondern handeln

Thesen für einen mutigen
Protestantismus der Zukunft

Kösel

Vorwort

- 7 -

Der Protestantismus

- 13 -

Gottesdienst

- 23 -

Schrift

- 43 -

Propheten

- 63 -

Die Kunst, nicht zu zerbrechen

- 81 -

Vorwort

Der Protestantismus ist mein Albtraum. Ich bin ein liberaler Katholik und entsprechend glücklich müsste ich davon träumen, dass meine Kirche endlich so würde, wie ihre schon ist. Eine Kirche der Freiheit. Eine liberale und demokratische Kirche. Eine Kirche mit Frauen an der Spitze. Doch ich muss zugeben, die Kirche, die all diese Freiheiten schon hat, ist unendlich viel verklemmter, als meine je sein könnte.

Verzweifelt blicke ich auf den Protestantismus unserer Zeit. Stets schreitet ein angegrauter Herr zu einem Rednerpult, räuspert sich und liest dann wohlgeformte und wohlfeile Worte vor. Keine Tiraden, kein Zorn, kein Feuer. Schlicht eine zu Tode reflektierte Theologie. Ich frage mich, ob die Predigerinnen und Prediger der Protestanten – oder wie sie sich heute besser nennen sollten: der Differenzierer – mehr die

Lust auf das Amt des Bundespräsidenten umtreibt, als die Freude am Reich Gottes.

Kaum ein Satz ohne Zitat, das sich nicht auf die Denker der Vergangenheit beruft. Kein Gedanke, der nicht durch mindestens eine Bibelbelegstelle abgesichert wurde. – Man könnte ja ertappt werden, selbst gedacht zu haben – selbst zu glauben.

Das Zitat ist eingebrannt in die DNA des Protestantismus. Es ist so tief verwurzelt, dass selbst bei Publikumsfragen ein jeder meint, immerzu durch ein Zitat beweisen zu müssen, wie unglaublich belesen man ist. Belesen über Menschen, die mutig statt feige waren. Belesen über Regelbrecher statt angepasste, zitierende Spießer. Spießer, die sich zu allem Überdruss auch noch fortlaufend bedanken und einander gegenseitig wertschätzen. Immerzu wird sich im Protestantismus für alles und jedes bedankt. Sei es noch so schlecht gemacht. Sei es noch so schlecht besucht. Sei es noch so dermaßen peinlich, irgendjemand wird sicherlich wohlwollend eine Rede schwingen, wie bemüht doch jener Versuch gewesen sei und ob dieser Mühe »ein Stück weit« der Verteidigung wert.

Mutig wäre es, zu widersprechen. Mutig wäre es, zu sagen, dass es nicht gefällt, dass Mühe allein noch lange keinen Gewinn bringt ohne Mut. Weil aber dieser Mut fehlt, suhlt man sich im eigenen Elend und lädt sich zuweilen lieber einen aggressiven Kirchenkritiker oder Atheisten aufs Podium ein, um sich wie von einem Hofnarren als Kirchenfürst den Spiegel vorhalten zu lassen. Einen Hofnarren wie mich.

Der Protestantismus

Es wird Sie wundern, aber ich meine es gut mit Ihnen. Ich mag die protestantische Kirche, die sich aus einer Rebellion erhob. Ich bin ein Freund. Ich weiß sehr wohl, dass es zwischen den Kirchen, die sich auf ganz unterschiedliche Reformatoren berufen, große Unterschiede gibt. Dass, was die einen präzise trifft, die anderen nur streift. Aber wie sollte ich ein Thesenbuch über den Protestantismus insgesamt schreiben, wenn ich nicht mindestens die Chance erhielte, Ihnen allen einen gemeinsamen Namen zu geben. Deshalb wähle ich die Formulierung protestantische Kirche in der Hoffnung, dass Sie alle, die Sie sich auf die Reformation berufen, diesen Namen für sich akzeptieren wollen.

Ich weiß, dass vieles in diesem Buch Sie wütend machen muss, weil es mit so vielen Traditionen bricht. Aber ich möchte Sie bitten, sich eine Frage ehrlich zu beantworten: Kann es denn weitergehen, wie es ist? – Kräftezehrend, schwächelnd und in ständiger Trauer über den langsamen Niedergang.

Eine große Geschichte macht noch keine große Zukunft. Ich finde es faszinierend, mit welcher unglaublichen Prägekraft der Protestantismus der Welt seinen Stempel aufdrückte. Der Katholizismus mag sich rühmen, die größte Kirche der Welt zu sein, aber die Wahrheit ist, dass nur der Protestantismus das Denken unserer heutigen Zeit prägt. Für die Zukunft habe ich allerdings wenig Hoffnung darauf, dass das dem Protestantismus, wenn er bleibt, wie er ist, nochmal gelingt.

Protestantisches Denken ist heute omnipräsent. Es ist die Grundlage marktwirtschaftlichen Denkens, ist die Wurzel aller puristischen Gestaltungsformen. Apple als wertvollste Unternehmung der Welt ist so erfolgreich, weil man in Cupertino ständig protestantisch denkt: Marktwirtschaftlich, puristisch, neu.

Warum nur hat die Konfession, die diesen Geist prägte, nichts mehr mit diesem gemein? Wie kommt es, dass in der protestantischen Kirche eine solch leblose Tristesse herrscht?

Leere protestantische Kirchen werfen lange Schatten. In ihnen kann man sich in Einsamkeit verlieren. In den Schatten der verwaisten Gotteshäuser verstecken sich die letzten Anhängerinnen und Anhänger. Mut und Hoffnung gingen ihnen längst verloren. Kein Funke Begeisterung ist im Alltag mehr zu spüren. Sie stecken fest in Trauer um das alte Haus und entwickeln keine Fantasie, wie man es neu mit Leben füllen kann.

Neulich erst sprach ich an einem Festtag in einer lutherischen Kirche. Ich bin viel Elend gewohnt von meiner eigenen, aber diese Kirche entsetzte mich doch in besonderer Weise. Die Leute in den Bänken waren allesamt so alt. So alt wie ich die Besucherinnen und Besucher auf keiner Veranstaltung bei uns Katholiken kenne. Viele sprachen mich nach meiner Rede an, dass es doch schön sei, dass es noch einen jungen Menschen gibt, der für das Christentum steht. Die eigenen Kinder hätte man für die Sache Christi ja leider verloren.

Sie wollen bewahren und werden erst zu Museumsdirektoren und dann nur noch zum Wächter in der Nacht, weil auch das Museum keiner besuchen will. Schließlich – ganz am Ende – schließt man die Museumstüren und trägt die Exponate in den Keller. Man wird zu Archivaren. Menschen, die weiß behandschuht vorsichtig über die schöpferischen Leistungen der Vergangenheit streicheln. Die ehrfurchtsvoll kaum fassen können, dass damals so Großartiges geschaffen wurde und es noch heute existiert.

Ein Leben im Schatten großer Taten mit nur wenig Licht, das durch verstaubte Fenster dringt.

Wo ist der Steve Jobs des Protestantismus, der nicht immerfort das Alte bewahrt, sondern sich selbst erlaubt, schlicht anders zu denken? Ein Blick nach vorne, statt zurück.

Aber ich weiß, wie wenig begeistert Sie von Steve Jobs' eigennütziger Arbeit für den Apple-Konzern sind und wie wichtig Ihnen stattdessen die Tradition ist. Also spulen wir die Zeit nicht vor, sondern zurück; zurück zu Luther, zurück zu Zwingli, Calvin, Müntzer. Auf wen schauen sie ehrfurchtsvoll? – Auf Jan Hus? – der wurde verbrannt in Konstanz. Auf Savonarola? – der wurde verbrannt in Florenz. So sie denn zurückschauten, dann nur mit Schaudern. Der Blick zurück nahm jeden Mut. Ist es nicht heute genauso? Wenn Sie zurückschauen, dann sehen Sie einen solchen Mut und eine solche Lebendigkeit, dass Sie nicht mehr wissen, wie Sie jemals dieses Vorbild erreichen sollten.

Die Reformatoren schauten nach vorn. Nach vorn bis ganz in die Ferne. Sie dachten weit über den Horizont

Wo ist
der Steve Jobs
des Protestantismus,
der nicht immerfort
das Alte bewahrt,
sondern
sich selbst erlaubt,
schlicht anders
zu denken?
Ein Blick nach vorne,
statt zurück.

ihrer Welt hinaus in eine neue Zeit. Sie ließen einfach fallen, was schon immer war.

Heute. Kennen Sie das Ende Ihres Horizonts? Können Sie über den Rahmen ihrer heute existierenden Kirche hinausdenken? Haben Sie den Mut, hinauszugehen? – Wie erhebend wäre jener Moment, in dem sich ein Protestant loslöste von der Vergangenheit und eine Wand einschlüge. Die Wand einer Kirche, damit die Welt von draußen hineinbricht. Damit das geschäftige Treiben auf unseren Einkaufsstraßen in die Kirche hineinbrandet. Damit die Flut der Nachrichten rund um die Welt das Innerste des Kirchenraums durchflutet. Nicht bemüht, nicht zögerlich, sondern ganz radikal. Ein Dammbruch unter Aufgabe des Alten zugunsten des schöpferisch Neuen.

Es ist nur eine Frage der inneren Haltung. Nicht mehr. Luther war bei Weitem nicht so gebildet, wie es heute viele in seiner Kirche sind. Er verfügte nicht über die Kommunikationsmittel, die uns heute zur Verfügung stehen. Er hatte nicht viel mehr als seine Bibel und seinen Glauben und eine innere Haltung, die es ihm erlaubte, sich selbst zu entfesseln.

Diese Haltung ist kein Geschenk Gottes. Sie ist keine Gabe. Sie ist kein Privileg, sie ist schlicht eigener Wille. Das ist doch der Unterschied zwischen Ihrer Kirche und meiner. Dass Ihre Kirche dem Menschen die eigenwillige Macht zuspricht, mehr zu sein als Gottes Werkzeug. Der Mensch als Schöpfer seiner selbst. Doch jede Schöpfungstat erfordert den Willen, sie zuzulassen, und den Mut, diese Haltung kompromisslos sich Bahn brechen zu lassen. Wer zu Lebzeiten allein auf Gnade hofft, der ist verloren.

Gottesdienst

Ich möchte Ihnen nicht in aller Länge den Mangel Ihrer Kirche vortragen. Es macht mich und Sie nur melancholisch. Auch wenn ich gerne zugebe, dass für mich die Melancholie unter all den Emotionen wahrlich eine der schönsten ist. Doch sosehr uns der sanfte Arm der Traurigkeit auch mit seiner Umarmung glücklich machen kann, er befreit uns nicht aus dem Mangel. Die Melancholie ist die schlimmste Verführung. Ein Traum von Gestern. Sie kennen diesen Traum selbst nur zu gut. Der Wunsch, dass endlich wieder etwas wäre, was nach Aufbruch klingt. Jeden Sonntag lässt sich der Mangel daran in jedem protestantischen Gottesdienst beobachten. Nur noch drei Prozent der eigenen Mitglieder erscheinen regelmäßig. Bei den Predigten hört längst kaum einer mehr zu. Warum sollte man einer protestantischen Predigt auch lauschen? – Man erfährt ja nichts Neues, sondern nur mittellauwarm Aufgewärmtes.

Es ist einfach, die Symptome einer krankenden Kirche zu beschreiben. Mit Leichtigkeit erntet man für diese Beschreibung Applaus. Aber keine Veränderung am Symptom bringt Heilung. Man muss den Infektionsherd finden.

Ich ahne, dass die Erwartung vieler Leserinnen und Leser dieses Buches war, dass es ein paar kleine Rezepte beinhaltet. Dreht doch die Stühle im Stuhlkreis einfach andersherum, dann wird's schon werden! Ladet doch diese oder jene Band ein oder lernt, wie man Predigten in Form von Poesie vorträgt.

Gerne gebe ich zu, dass manche solcher Maßnahmen zuweilen eine Nische besetzen und darum erfrischend abwechselnd sind. Nur leider ändert keine Neujustierung der Methoden etwas an der inneren Ausgebranntheit der gesamten Kirche.

Das ständige Neuerfinden von Gottesdiensten ist nur die andere Seite der gleichen Depression, die andernorts zur inneren Aufgabe führt. Die einen flüchten in Apathie und die anderen in Aktionismus. Beides aber bleibt eine Flucht.

Die Flucht vor der Realität habe ich bei Protestanten schon mein Leben lang miterlebt. Ich bin katholisch groß geworden in der Diaspora. Mitten im pietistischen Württemberg, umzingelt von einer evangelischen Mehrheit und einer Vielzahl von zersplitterten protestantischen Kleinstkirchen mit teilweise radikalen Ansichten. Da gehörte es zum Alltag, von manchen protestantischen Mitschülerinnen und Mitschülern erklärt zu bekommen, dass die Welt erst 6.000 Jahre alt sei und selbstredend in nur sieben Tagen von Gott höchst eigenhändig bibeltreu erschaffen wurde.

Groteske Züge nahm diese Einstellung an, als wir mit der Schule in einen Steinbruch auf der schwäbischen Alb fuhren. Dort gibt es Schiefer und alle Schülerinnen und Schüler, die diesen Steinbruch besuchten, durften selbst mit kleinen Hämmern Schieferscheiben aus dem Fels herausbrechen. Weil es sich bei der Schwäbischen Alb um einen urzeitlichen Meeresboden handelt, dauerte es auch nur Minuten, bis man den ersten Ammoniten oder kleinen Meeresdinosaurier fand. Eindeutig Meereslebewesen auf einem schwäbischen Höhenzug, die vor Millionen von Jahren hier starben und versteinerten. Ein Beweis dafür, dass all das, was die Bibeltreuen glaubten, nicht wahr ist. Dennoch, sie beharrten. Die logischste Lösung wäre gewesen, eine neue Erkenntnis zuzulassen, statt-

Ich muss aber zugeben, dass jene bibeltreuen Erzählungen auf mich eine gewisse Faszination ausübten.
Nicht wegen ihres Inhaltes, sondern
durch ihren schieren Selbstbetrug.

dessen verkündete der eine, es handle sich natürlich um Überbleibsel der Sintflut, und die andere erklärte stattdessen, dass Gott die Fossilien im Boden verborgen hätte, um uns zu prüfen.

Ich fürchte, ich habe sie damals zusammen mit vielen evangelischen Freunden ausgelacht.

Glauben konnte ich diesen Leuten nicht. Zu viel wusste ich bereits über unsere Welt. Zu gewiss war ich, dass ihre Variante der Wirklichkeit keine Wahrheit ist. Ich muss aber zugeben, dass jene bibeltreuen Erzählungen auf mich eine gewisse Faszination ausübten. Nicht wegen ihres Inhaltes, sondern durch ihren schieren Selbstbetrug. Wie nur, wie genau spinnt man um seinen jungen Geist herum einen Kokon, der ihn die Welt nicht mehr sehen lässt, wie sie ist? Wie macht man die Bibel so relevant in der Erziehung, dass die Fähigkeiten der Erkenntnis eines in anderen Disziplinen sich als intelligent beweisenden Menschen in der Frage der Religion ausfallen?

Gerade wegen dieser Faszination suchte ich zuweilen das Gespräch mit genau diesen Leuten. Jedes dieser Gespräche endete vor einer Wand. Nicht nur in der Schule, sondern auch im Studium. In der Tübinger Uni-Cafeteria traf ich auf protestantische Menschen, die sich selbst als »christliche Fundamentalisten« bezeichneten. Jedes Gespräch zwischen uns eskalierte über kurz oder lang. Eine mentale Wand aus Glauben wider das Wissen. Unüberwindbar und nicht einzureißen mit Argumenten oder Beweisen. Die Konsequenz war, dass ich floh. Ich ging heraus aus diesen Gesprächen und kam niemals zurück.

Warum ich Ihnen diese Geschichte erzähle, obwohl Sie weiß Gott vernünftig sind und keine Kreationisten? Weil Sie nicht anders sind. Sie mögen sich rühmen, nicht zu den Evangelikalen zu gehören. Sie mögen ein aufgeklärtes Christentum leben, aber auch Sie haben sich eingemauert. Auch mit Ihnen endet der Diskurs vor einer Wand.

Ihre Gottesdienste sind tot. Sie werden nicht mehr lebendig.

Das ist eine der bitteren Wahrheiten, denen sich der Protestantismus endlich stellen muss. Ihre Mitglieder haben das schon längst getan. 97 Prozent kommen nicht in den Gottesdienst. Diejenigen, die es noch tun, sind der kleine Rest, der nicht wahrhaben will, was längst Wahrheit geworden ist. Genauso anstrengend, wie Sie die Bibeltreuen im Diskurs finden, finde ich Sie.

Es gibt keine Möglichkeit, mit Ihnen die Möglichkeit eines Protestantismus ohne Gottesdienst zu diskutieren, weil diese Idee hinter der äußersten Grenze Ihres Horizontes liegt. Wir können darüber sprechen, ja, aber am Ende wird einer von Ihnen wieder aufstehen und sagen, dass der Gottesdienst der Mittelpunkt einer Kirche ist und ohne den Gottesdienst eine Kirche eben nichts. Dann werden wieder alle im Saal nicken, weil alle im Saal zu den drei Prozent gehören, denen dieser Gottesdienst noch wichtig ist. Was sich durch diese Verweigerung der Realität aber nicht geändert hat. Für fast jede Protestantin und fast jeden Protestanten ist der Gottesdienst nicht Mittelpunkt seiner Kirche. Er ist abgesehen von Weihnachten und der eigenen Hochzeit vollkommen egal.

Man sollte meinen, dass eine Minderheit, die eine Wahrheit nicht glaubt, die Mehrheit nicht davon abhalten kann, der Wahrheit zu folgen. Das Gegenteil davon ist der Fall. Es reicht ein Blick heraus aus der Kirche in die gesamte Gesellschaft. Wir haben uns doch längst daran gewöhnt, dass es eine laute Minderheit in unserer Mitte gibt, die keinen Fakten und Beweisen mehr glaubt, sondern nur noch zu glauben bereit ist, was sie glauben will. Wir könnten diese Menschen in unserer Gesellschaft ignorieren, aber weil sie so sehr innerlich überzeugt sind, sind diese

Leute auch besonders laut. Sie fallen auf, sie melden sich zu Wort, sie verkünden ihre schlichte Wirklichkeit. Der Rest verdreht die Augen, ballt die Faust in der Tasche und überlässt ihnen das Feld. Die Mehrheit nimmt viel zu oft Rücksicht auf die Befindlichkeiten der extremen Minderheit und meidet möglichst jeden Kommentar, der die Monologe des Gegenübers auslösen könnte. So ist es in der Debatte um Flucht und Migration. Wir versuchen, um das Thema einen Bogen zu machen in unseren Familien und Gemeinschaften, um diese dogmatische Diskussion nicht wieder und wieder ohne Einsicht des Gegenübers führen zu müssen. Um nicht erneut Fakt um Fakt vorzutragen, nur um irgendwann vom anderen ein schlichtes »ich glaube das nicht« oder »ich will das nicht« zu hören. So ist es auch mit der Minderheit, die Gottesdienste will. Man spricht es lieber gar nicht an, es endet immer vor der Wand.

Ihr aggressives Klammern an die tote Form frisst alle kirchlichen Ressourcen auf.

Am Ende gewinnen immer die Wahrheitsverweigerer. Weil sie uns aufzwingen, dass ihre belanglosen Predigt-Gottesdienste eine Fortsetzung finden müssen. Im Notfall auch gänzlich ohne Publikum.

Statt die Erkenntnis zuzulassen, dass der Gottesdienst nicht mehr gebraucht wird, greift man panisch

Die Mehrheit nimmt viel zu oft Rücksicht auf die Befindlichkeiten der extremen Minderheit und meidet möglichst jeden Kommentar, der die Monologe des Gegenübers auslösen könnte.

nach alternativen Erklärungsmustern ohne erklärende Kraft. Die Predigt sei vielleicht das Problem, weil sie nicht mehr gut genug gesprochen sei. Ich muss Sie enttäuschen, eine Predigt hören nur die, die kommen, und es kommt fast keiner mehr. Die Kirchenmusik sei vielleicht nicht modern genug. Ich muss Sie enttäuschen, Musik hören nur die, die kommen, und es kommt fast keiner mehr. Vielleicht bräuchte man mehr Rituale und weniger Purismus. Ich muss Sie enttäuschen, Rituale erleben nur diejenigen mit, die kommen, und es kommt fast keiner mehr.

Sie können am Format des Gottesdienstes so viel drehen, wie Sie wollen. Ihre Gottesdienste sind tot. Sie werden nicht mehr lebendig.

Ich versuche es ein letztes Mal. Ich versuche Ihnen zu erklären, dass das Ende des Gottesdienstes Sie nicht erschrecken muss, sondern erfreuen könnte. Hoffnung darauf, dass Sie das verstehen wollen, habe ich kaum. Ich bin gegen diese Wand schon oft genug gerannt.

Denken Sie doch einfach mal an den Anfang Ihrer protestantischen Kirche zurück. War nicht eine der theologischen Ideen im Mittelpunkt der Reformation die Idee vom Priestertum aller Gläubigen? – Also das Ausbrechen aus der Idee, dass zwischen Gott und dem Menschen noch ein Priester steht, der diese

Mensch-Gott-Beziehung überhaupt erst eröffnet. War nicht die Idee, dass der einzelne Mensch direkt mit Gott in eine Beziehung eintreten kann und dass es dazwischen keine Kirche braucht? Ist das nicht der Grund, warum Protestanten in der Bibel lesen sollen und mit Tageslosungen versuchen sollen, sich selbst ganz privat in Beziehung zur Göttlichkeit zu setzen? Ist das nicht der Grund, warum Sie nicht andächtig darauf warten, bis Ihnen der Papst sagt, was Sie zu glauben haben, sondern selbst zu glauben wagen?

Der Gottesdienst im Protestantismus ist gar keine theologische Notwendigkeit, wie er es im katholischen Glauben ist. Ein protestantischer Gottesdienst war immer eine Behelfskonstruktion zur Instruktion. Deshalb funktioniert er auch wie eine Mischung aus Grundschuldidaktik und einer Vorlesung an der Universität. Weil er im Grunde gar nichts anderes ist.

Der Professor Luther ging in den Gottesdienst und hielt dort eine ganze Vorlesung. Er dozierte über die Heilige Schrift, er belehrte und ermutigte zum Denken. Genauso macht man es mit Studierenden heute an jeder Hochschule. Damit der Stoff auch wirklich hängen bleibt, unterlegte Luther seine Lerntexte mit Melodien von Volksliedern und ließ seine Gemeinde diese Texte singen. So macht man es noch heute mit jedem Grundschulkind.

Der protestantische Gottesdienst – ich hoffe, dass Sie es erkennen – ist eine Behelfskonstruktion der Instruktion. Eine Behelfskonstruktion mit dem Ziel, dass der Mensch seine eigene Mündigkeit erreicht. Ein Glaubenskurs, der den Gläubigen die Erwartung abtrainieren soll, dass es einen Priester braucht, der die Wahrheit spricht, statt selbst eine eigene Beziehung zur allerhöchsten Göttlichkeit zu pflegen.

Es ist beinahe vollbracht! Das Priestertum aller Gläubigen ist beinahe da. Fast jede Protestantin und fast jeder Protestant braucht heute die Belehrung durch die Pfarrerinnen und Pfarrer nicht mehr, um eine eigene Spiritualität zu entwickeln. Nur drei Prozent der Protestanten sitzen noch da und hoffen, dass ein anderer etwas in der Predigt erklärt, statt selbst zu denken.

Nicht alles ist schlecht. Die schönsten Momente mit Protestanten kann man im Angesicht der Kunst erleben. Sie wissen vom Bischof bis zum Kirchenmitglied so viel zu erzählen und haben einen so liebevollen Blick für das ästhetische Detail. Kein trockener Katalog zu einer Ausstellung kann ihren Wissensdurst bremsen. Sie schlagen und saugen ihn dennoch auf.

Haben Sie schon einmal auf einem Kirchenkonzert in einer protestantischen Kirche nur die Gesichter beobachtet? Eine stille Zufriedenheit in jedem Menschen, der da ist. Viele Augen geschlossen und ganz konzentriert auf den Moment. Es sind diese Augenblicke, für die ich diese Konfession liebe. Weil sie nicht nur über die Oberflächen schrammt, sondern sich in die Tiefe der Erkenntnis fallen lässt.

Die christliche Mystik ging lange davon aus, dass der höchste Geist des Verstandes besiegt werden müsste, damit die Tore zum Paradies offen stehen. Der Protestantismus beweist, dass der wache Verstand in der Lage ist, eine Erfahrung von Göttlichkeit zu machen.

Die Kathedralen des Protestantismus sind nicht aus Stein und Prunk. Sie sind aus bis zum Himmel aufgetürmter Erkenntnis aufgebaut.

Die Größe, nach der der Protestantismus strebt, ist nicht das wohlinszenierte laute Event. Er sucht nicht den Jubel in der Masse, sondern die stille, tiefgründige Konzentration und Inspiration. Deswegen spricht so wenig für die wiederholte Mittelmäßigkeit des Gottesdienstes jeden Sonntag überall. Deswegen spricht gar nichts für das ekstatische Hosianna-Geklatsche zu schlecht geschriebener Popmusik.

Der Protestantismus erhebt den Menschen zu seiner eigenen Beziehung zu Gott. Er lässt den Menschen in jeder Inspiration die Göttlichkeit entdecken. Deshalb darf er sich auch ändern. Weil nicht die eine Form selig machend ist, sondern in seinem Tiefgang seine Stärke wohnt.

Ich würde mir wünschen, Sie würden Ihre Kräfte neu ausrichten. Auf eine Kirche, die inspiriert statt immer wieder zu enttäuschen. Eine Kirche, die zum Kunstwerk wird. Die ihren Kirchenraum ganz selbstverständlich als Konzertraum nutzt und darauf verzichtet, noch eine lange einordnende Rede zu halten. Einen Raum, der nicht jeden Sonntag bemüht gefüllt wird, sondern immer dann seine Türen öffnet, wenn er bereitet ist, die nächste Inspiration zu geben.

Der Mensch hat seinen Weg gefunden, über die Lehre von der Kanzel herab hinaus, sich selbst in Beziehung zu Gott zu setzen. Das ist ein unumstößlicher Erfolg von fünfhundert Jahren protestantischer Ermächtigung des Einzelnen durch Bildung. Jetzt, da dies vollbracht ist, sollte es die Kirche, die es möglich machte, nicht mit Trauer füllen. Beklagen Sie nicht, dass Ihre Gottesdienste nicht mehr gefragt sind, sondern erweisen Sie Gott dadurch Ihren Dienst, dass sie ein Raum werden, in dem man die Göttlichkeit auch ganz alleine finden kann.

Reißen Sie die Türen Ihrer Kirche auf, wenn drinnen jemand einfach Orgel spielt. Lassen Sie Ihre Chöre erschallen auch außerhalb von jeder gesetzten Form. Tragen Sie Ihre Kunst in den öffentlichen Raum. Geben Sie unserer Welt mehr frei spielende Inspiration statt einer gesetzten Form.

Die Gegenthese, die ich zu solchen Ideen von denen höre, die in den Gemeinden noch aktiv sind, ist die immer gleiche. Man brauche die Gemeinschaft, um Gott wirklich zu erfahren. Ich glaube nicht, dass das stimmt. Wie sonst wäre der Gang in die Einsamkeit der Wüste immer wieder auch zum Weg zu Gott geworden?

Eine befreundete promovierte Theologin sagte mir vor einiger Zeit an einem schönen Sommerabend am Telefon einen Satz, den ich nicht vergessen kann. »Für mich wäre ein Grund, in eine Kirchengemeinde zu gehen, wenn ich mit meinem eigenen Glauben nicht mehr weiterkomme. Aber ich stelle schon mein Leben lang fest, es geht auch ohne andere. Wenn ich nur wachen Auges durch die Welt gehe, dann finde ich Gott überall.«

Ich fürchte, die Sorge vor einem neuen Protestantismus, der nicht mehr versucht, alle seine Mitglieder in der Gemeinde zu binden, sondern zum Ort der Inspiration wird, ist eine andere. Was, wenn die Tradition der protestantischen Kirche einfach verloren geht? Wenn ihre Lieder verschwinden und ihre Texte? Wenn niemand mehr die Bibel liest? Was, wenn man die letzten verbindenden Institutionen aufgibt und damit jede Verbindung untereinander reißt.

Sie stehen wieder vor der Wand. Ihre Gottesdienste sind tot. Sie werden nicht mehr lebendig.

Die Gemeinschaft, die Sie beschwören, ist längst nicht mehr allumfassend, sondern ein kleiner Rest.

Sie wollen belehren ohne anzuerkennen, dass Lernen auch von ganz allein geschieht. Sie müssen Menschen nur genügend Reize zur Erkenntnis bieten. Man muss sich nicht mit einer Gruppe hinsetzen und ihr einen Text vorlegen. Man braucht keine Bibelarbeit, die über Monate geplant wird. Man kann künstlerisch und kulturell den Text in solcher Weise auch in die Welt tragen, dass man ihn auch von ganz alleine lesen will.

Die Gottessuche hat doch niemals aufgehört. Sie ist der Menschheit für alle Zeit ans Herz gelegt. Ein jeder, der die Frage danach stellt, was über ihn selbst hinausragt, wird mehr finden als sich selbst.

Und im Lauf der Zeit werden Menschen zu Ihnen kommen und Sie bitten, mit ihnen zu beten. Aus Angst oder Trauer. Aus Hoffnung oder aus Liebe. Aus dem Wunsch nach einem Segen für das Kommende heraus. Dann ist der Gottesdienst mehr als eine Routine. Er ist zum Wunsch geworden. Diese Feier lebt dann, weil sie sich nicht einfach wiederholt, sondern gerufen wird.

Schrift

Die schönsten Momente mit Protestanten kann man im Angesicht der Kunst erleben. Die schlimmsten, wenn sie von der Bibel sprechen. Aus aller freudigen Begeisterung wird dann eine Unterabteilung einer Wort-Gottes-Bürokratie mit Aktenzeichen und korrekter Zitation.

Auf jeder protestantischen Feier greift irgendwer zum Bibelwort. Und schon im Augenblick, da das geschieht, wird spürbar, wie die Freude der Anwesenden im tiefsten Abgrund versickert. Man erträgt es, weil man es so macht. Es sind die Momente, in denen das immer schon Gehörte erneut vorgetragen wird. Die Erkenntnisquelle ist längst keine mehr, sondern der ewig zitierte Text ist zum Selbstzweck geworden.

An jedes dieser Zitate schließt sich eine selbstgefällige These an, die nur das eigene Argument zu untermauern sucht, aber nicht die eigene Position ins Wanken bringt. Ein selbstreferenzielles System, das nicht vom Glauben lebt, sondern sich nur als elaboriert beweisen will.

Der Protestantismus ist erwachsen aus dem Bibelwort. Er war ein Befreiungsakt, weil er das Wort Gottes in die Welt trug und damit den Horizont der Menschheit weitete. Heute gelingt ihm das nicht mehr. Es liegt nicht an der Art, wie der Bibeltext vorgetragen wird, sondern an der Welt, in die er hineingesprochen wird.

Kann denn der immer da gewesene Text bestehen in unserer Welt? Reicht denn das Gesagte aus, wenn alles sich geändert hat? Wenn die Anhängerinnen und Anhänger des einen Gottes nicht mehr ständig bedroht von den Großmächten des Nahen Ostens sind, sondern christliche Gesellschaften längst selbst zur Großmacht wurden? Reicht denn der Text aus, wenn aus einer Gesellschaft der Landwirtschaft längst eine komplexe Dienstleistungsgesellschaft wurde? Können wir die Antworten in einer Welt, in der jede und jeder bitterlich arm war, wirklich gewinnbringend lesen in einer Zeit, in der mehr Menschen an Fettleibigkeit sterben als an Unterernährung?

Die Welt der Bibel ist eine, in der der Mensch beständig gegen die Kräfte der Natur verliert. Die Welt, in der wir leben, ist eine, in der die Natur beständig an menschlicher Kraft zerbricht.

Kann denn eine Antwort, die in der Welt immer Gültigkeit besaß, noch gültig sein, wenn die Welt zu einem umgekehrten Spiegelbild ihrer selbst geworden ist? Deswegen sind doch all die biblischen Geschichten und die Predigten darüber so nichtssagend geworden. Weil sich der erklärende Text immer mehr in die Länge ziehen muss. Es passt nicht mehr. Wir müssen auf einen Text, dessen Autoren nichts von Mikroorganismen wussten, unsere moderne Medizin beziehen. Wir müssen auf einen Text, dessen Autoren das Wetter nicht zu erklären wussten, die heutigen Stürme beziehen.

Aber es hat sich nicht nur die Welt geändert, sondern auch die Theologie. Wir haben doch längst verstanden, dass der Text der Bibel weit weniger heilig ist, als diejenigen dachten, die ihn erstmals übersetzten. Wir kennen heute die Zusammenhänge eines Textes, wissen viel darüber, wer ihn schrieb und aus welchem Interesse heraus. In jeder Predigt aber erleben wir, wie schwer es fällt, die Brücke noch zu schlagen zwischen all den Erkenntnissen über die Bibel und die Welt und denen, die eine Predigt hören sollen.

Es ist zum geflügelten Wort geworden, dass ein Studium der Theologie zum Atheisten macht. Je mehr man über die Wahrheit lernt, desto mehr erkennt man die Limitationen der Schrift. Eine Erkenntnis, die Luther noch verwehrt blieb. Ihm eröffnete sich durch das erstmalige Durcharbeiten der Schrift und durch die Übersetzung ein mannigfaltiger Kosmos neuer Erkenntnisse über Gott und die Welt. Aber für uns ist eine übersetzte Bibel keine Neuigkeit mehr. Wir kennen diesen Text in unterschiedlichen Passagen von Kindesbeinen an und dennoch wird er nur noch für die wenigsten relevant. Alle Versuche, dem Relevanzverlust der Bibel entgegenzutreten, haben daran nichts geändert. Keine Übersetzung der Bibel in leichte oder poetische Sprache, keine Jugendbibel und kein Schülerbibelkreis konnte etwas daran ändern, dass ein Riss entstanden ist zwischen dem menschlichen Sein und dem christlichen Bewusstsein.

Ich hege keinen Groll auf die Bibel. Ich verachte die Bibel nicht. Ich gehöre nicht zu den vielen, die nur noch von einem Märchenbuch sprechen. Ich fordere Sie sicherlich nicht auf, die Bibel ganz beiseitezulegen. Dafür wäre sie ein viel zu wertvolles Werk. Aber erlauben Sie mir dennoch, dass ich etwas Radikales von Ihnen einfordere: Schreiben Sie die Bibel endlich fort.

**Keine Übersetzung
der Bibel
in leichte oder
poetische Sprache,
keine Jugendbibel
und kein Schülerbibelkreis
konnte etwas daran ändern,
dass ein Riss entstanden ist
zwischen dem
menschlichen Sein
und dem
christlichen Bewusstsein.**

Es ist doch nur eine katholische Entscheidung gewesen, dass die Bibel ein Ende hat. Irgendwann trafen sich schlicht mächtige Männer dieser Kirche und sagten, jetzt ist Schluss. Sie schnitten die Christenheit von der Fortschreibung der Heiligen Schrift ab. Sie wollten den Glauben institutionalisieren, statt ihn durch weitere Propheten außer Kontrolle geraten zu lassen. Der Katholizismus fand seinen Umgang damit. Päpste brachten von hierarchisch ganz oben neue Dogmen hervor, die zu Glaubenssätzen wurden, die fortgelebte Tradition der katholischen Kirche wurde für heilig erklärt, die Menschen, die man früher Propheten genannt hätte, wurden schlicht heiliggesprochen und damit weiterhin als Quellen der Erkenntnis anerkannt, aber von der systemerschütternden Kraft systematisch getrennt. So viele negative Stilblüten diese Fortschreibung im Lauf der Zeit mit sich brachte, sie wurde doch zu einem Modus der fortlaufenden Erneuerung und Stabilität.

Dem Protestantismus fehlt genau ein solcher Modus, dabei hatte er zu seinem Anbeginn noch alles, was man dafür braucht. Es gab starke Propheten oder, wie wir sie heute nennen: »Reformatoren«. Menschen, die ein neues Verständnis von Gott und der Welt vorantrieben und eine neue Tradition begründeten. Sie stellen die Bibel zwar in den Mittelpunkt, aber sie erschufen in all ihren Schriften noch einen weitergehenden Kosmos neuer Gedanken für eine neue Zeit. Schriften, die ob ihrer historischen Bedeutung heute noch gerne von Protestanten zitiert werden.

Weil es aber niemanden gibt, der über die Bibel hinaus die Autorität auf sich vereint, Glaubenswahrheiten zu setzen, vergreist der Protestantismus genauso schnell, wie die Welt sich von der Welt der Bibel und der Welt der Reformation entfernt. Der Protestantismus braucht einen neuen Propheten oder – auch dafür wäre es an der Zeit – eine neue Prophetin, nachdem die letzten ihrer Art schon vor so langer Zeit starben.

Luther ist tot. Egal, wie viele Playmobilfiguren noch von ihm aus billigem Plastik gegossen werden. Egal, wie viele Luthernudeln in brühend heißes Wasser geschüttet und mit Soße übergossen werden, Luther ist tot. Luther kommt nicht wieder.

Luther. An diesen Mann klammert sich der deutsche Protestantismus seit 500 Jahren. Man hält ihn panisch fest und dennoch zerfällt Luther über die Jahrhunderte zu Staub. Seine Thesen fallen aus der Zeit.

Sein Antijudaismus, vor nur hundert Jahren noch vollkommen salonfähig im deutschen Reich, ist heute der erste Vorwurf, der einem entgegenschlägt, wenn man nur seinen Namen sagt. Sein Text war für lange Zeit die wortgewaltigste Schrift in deutscher Sprache. Bis Goethe kam und Schiller folgte, bis Brecht und Celan. Luther ist ein seit fünfhundert Jahren immerwährendes Rückzugsgefecht. Nicht, weil Luther nicht groß gewesen wäre, sondern weil sich niemand mehr aus seinem Schatten erhebt. Mit jedem Tag, der vergeht, verliert Luther an Aktualität. Egal, wie sehr man die Aktualität Luthers auch als Kirche immer neu beschwört. Luther ist tot und verschwindet auch aus dem Gedächtnis immer mehr. Die Zeit, die Moderne, das neue Denken hat ihn längst an den Rand gedrängt. Seine historische Leistung ist groß, die Menge seiner Antworten für das Heute gering. Das hat er mit der von ihm übersetzten Bibel gemein.

Mit Luthers Tod und seinem Zerfall zerfällt auch der Protestantismus, weil er sich nicht von ihm emanzipieren kann. Es ist wie mit der SPD und ihrem Willy Brandt. Längst gibt es ganze Generationen von Wählerinnen und Wählern, die Willy Brandts Kanzlerschaft niemals erlebten. Heutige Erstwählerinnen und Erstwähler wurden nach des großen Kanzlers Tod geboren. Dennoch beschwört die Sozialdemokratie ihren Übervater stets erneut und erntet nur noch müdes Lächeln.

Jahr für Jahr verlassen die Menschen Luthers Kirche. Sie gehen nicht wegen ihm, sondern weil außer ihm und seiner Bibel nichts ist.

Ich kann Ihnen keine Hoffnung machen, dass der alte Text noch seine Autorität zurückgewinnt. Ich kann Ihnen keine Hoffnung machen, dass zum 600. Lutherjahr plötzlich die Massen gen Wittenberg strömen, die beim 500. nicht kamen. Es werden noch weniger werden.

Ich habe in den vergangenen Jahren viele protestantische Theologinnen und Theologen kennengelernt. Sie luden mich zu Vorträgen über die richtige Verkündigung ein. Ich referierte alle möglichen Techniken, mit denen man überzeugen kann. Machte deutlich, wie man eine Botschaft setzt, die sich beim Publikum in die Gedankenwelt einbrennt. Ich hatte mit vielen kritischen Anmerkungen gerechnet. Nur eine hatte ich nicht erwartet, aber sie wurde mit erschreckender Regelmäßigkeit gemacht: »Sie haben uns heute nur gesagt, wie wir überzeugen können. Aber keiner sagt uns, was wir sagen sollen.«

So weit ist es also schon gekommen. Als Luther von »sola fide« – allein durch Glaube – sprach, da war ihm wohl vor Augen, dass im gläubigen Men-

»Nur die Schrift«
war sein Schlachtruf,
weil er damit
einen Zustand herstellte,
der dem Papst
die Ausübung seiner Macht
unmöglich machte.
So wurde die Bibel
zum alleinigen,
wahrhaftigen
und unumstößlichen
Mittelpunkt des Glaubens.

schen unendlich viel Text schlummert. Dass dieser Text nur befreit werden muss. Dass dem Menschen das Recht zugestanden werden muss, den Text seines Glaubens frei auszusprechen. Er hätte wohl kaum geglaubt, dass nach langem Studium der von ihm begründeten Theologie nur noch Sprachlosigkeit übrig bleibt.

Der Grund für diese Sprachlosigkeit ist in meinen Augen offenbar. Luthers Liebe zur Schrift war von Blindheit und Machtkalkül geprägt. Er hielt sie noch für das direkt von Gott gesandte Wort des Herrn, das nicht von menschlichen machtpolitischen Interessen durchsetzt ist, und wusste gleichzeitig, dass er die Menschen nur dadurch von der katholischen Macht trennen kann, indem er die Tradition ihrer Heiligkeit beraubte. »Nur die Schrift« war sein Schlachtruf, weil er damit einen Zustand herstellte, der dem Papst die Ausübung seiner Macht unmöglich machte. So wurde die Bibel zum alleinigen, wahrhaftigen und unumstößlichen Mittelpunkt des Glaubens. Eine Heilige Schrift, die über alle Machtinteressen erhaben ist. Jede protestantische Theologin und jeder protestantische Theologe heute weiß, dass dem mitnichten so ist. Die Bibel war in ihrer Entstehung immer Spielball von mächtigen Interessen.

Ich musste nach Veranstaltungen nur ein bisschen länger bleiben. Es reichten meist ein paar wenige gemeinsame Glas Bier und schon kam das immer gleiche Thema auf: die Auferstehung. Nicht, weil jemand sie begeistert bejubeln wollte, sondern weil diejenigen, die sie Sonntag für Sonntag verkünden sollen, gar nicht dran glauben. Zu Anfang machte ich mir noch nichts daraus. Ich dachte, ich sei einfach der eine außerhalb der Kirchenhierarchie und aller kirchlichen Strukturen Stehende, dem gegenüber sich die Zweifler trauen, sich zu offenbaren. Aber die schiere Häufigkeit machte mich mit der Zeit stutzig.

Als Katholik ist man Geheimnisse hinter vorgehaltener Hand gewohnt. Da beichtet einem der eine Priester, dass er schwul ist, und der andere, mit welcher Frau er seit Jahren zusammenlebt. Als Katholik bin ich die Menschlichkeit hinter der Fassade der Heiligkeit gewohnt. Nur eines kannte ich vor meiner Tour durch den Protestantismus wirklich nicht: Theologen, die nicht an die Auferstehung Christi glauben.

Im vergangenen Jahr unternahm ich schließlich zwei Versuche, um herauszufinden, ob mich mein Eindruck täuscht. Ob ich zu sehr versucht bin, vom einzelnen Gespräch auf das große Ganze zu schließen. Bei einer Lesung, zu der so viele Theologinnen und Theologen kamen, dass der Saal so überfüllt war, dass der Ton nach draußen übertragen werden musste, trug ich eine These vor: »Niemand kann eine christliche Predigt halten, ohne an die Auferstehung zu glauben. Wer die Auferstehung nicht glaubt, hat als Predigerin oder Prediger den falschen Beruf.«

Für mich überraschend: Viele Unterstützerinnen und Unterstützer dieser These konnte ich nicht finden. Stattdessen erklärten mir Dutzende Leute in Wortbeiträgen, dass man die Auferstehung ja eher als philosophisches Konstrukt sehen müsse. Eine Theologiestudentin bat mich am Ende der Veranstaltung noch dringend zum persönlichen Gespräch, weil sie nicht akzeptieren wollte, dass sie laut meiner Aussage den falschen Beruf anstrebe. Es gäbe doch niemanden, der die Auferstehung glaube.

Am Abend zog ich noch mit einigen Theologinnen und Theologen um die Häuser. Wir unterhielten uns stundenlang. Einen Menschen, der an die Auferstehung glaubt, konnte ich nicht finden.

Den zweiten Versuch, um herauszufinden, was in den Gemeinden geglaubt wird, unternahm ich am Reformationstag. Ich hielt eine Rede über die Wahrheit und fragte dabei immer wieder das Publikum, ob die Leute in der Kirche denn glauben, dass ein toter Körper einen Atemzug tat und zu neuem Leben erwachte. Glauben Sie, dass ein toter Körper in einem Grab plötzlich einen Atemzug tat?

Ganz nebenbei – glauben Sie es?

Ein Mann kam nach der Rede zu mir und sagte mir, er hätte die ganze Zeit den Impuls gespürt, einfach mal laut reinzurufen: »Ja natürlich glaube ich das!«

Da zog mich eine ältere Dame beiseite, verdrehte die Augen und sagte mir, dass der Mann der Verrückte in der Gemeinde sei.

Mein Text dieser Rede wurde erst vielfach in sozialen Medien geteilt und schließlich in einer theologischen Zeitschrift abgedruckt. Was soll ich Ihnen sagen, ich bekam vielfach E-Mails und Post von Protestanten. Häufig war das Thema, dass man die Auferstehung doch nicht ernsthaft als Tatsache glauben könnte – alles mehr im übertragenen Sinne.

Es tut mir leid, meine protestantischen Freunde. Das Fundament, auf dem eure ganze Kirche steht, ist diese Auferstehung und kein rhythmisches Klatschen zu Hosianna-Popsongs und keine Jesus-Superstar Heldengeschichte kann die Brüchigkeit dieses Fundamentes übertünchen. Keine Tageslosung und keine Zitatschlacht kann euch vor der Konfrontation mit der Auferstehung bewahren.

Es wäre auch zu leicht, schlicht zu sagen, dann glaubt es eben wieder. Es wäre zu leicht, einfach nur zu sagen, dass all diese Menschen, die schon seit vielen Jahren sich in direkter Auseinandersetzung mit der Bibel betätigen, dass all die Menschen, die Theologie studierten und ernsthaft zu Gott beten, allesamt falschliegen. Es wäre vermessen zu fordern, dass die oder der Einzelne mit dem eigenen Glauben bricht, nur um eine leibliche Auferstehung wieder zu glauben. Aber das Fundament, auf dem die Kirche steht, ist eben jene Auferstehung. Das Fundament, auf dem diese Kirche gebaut wurde, ist die Heilige Schrift, die von einem leeren Grab spricht. Dieses Fundament hält nicht mehr.

Für mich ist das kein Grund zu verzagen. Denn der Glaube an den einen Gott hat schon viele Krisen durchlebt. Er wurde immer und immer wieder mit Verwerfungen konfrontiert und ging aus ihnen meist gestärkt hervor.

In Zeiten der Krise tauchten meist Propheten auf. Menschen, die häufig genug die bestehende Ordnung irritierten und neue Orientierung boten. Ihr Wirken brachte Veränderung und neue Stärkung. Eine Anpassung an eine sich ändernde Wirklichkeit, die dann immer weiter forterzählt wurde und zum Teil der Heiligen Schrift wurde.

Ein solcher Prophet war Martin Luther. Vielleicht war auch Dietrich Bonhoeffer ein solcher, aber es obliegt nicht mir und auch nicht Ihnen, das zu entscheiden. Bonhoeffer ist noch längst nicht lange genug tot. Wenn er so prägend bleibt, wie er für die Kirche nach dem Krieg war, wäre es dann nicht vermessen, ihm nicht irgendwann seinen Platz im biblischen Kompendium der jüdisch-christlichen Ideengeschichte einzuräumen? Und ist es nicht vermessen, dass Luther diesen Platz bis heute nicht bekam? Er hätte sich wohl auch aufs heftigste dagegen gewehrt. Aber heute wissen wir besser als er, dass auch der alte Bibeltext Autoren hatte, deren Texte eine ideengeschichtliche Relevanz solchen Ausmaßes hatten, dass sie zum Teil der biblischen Überlieferung wurden.

Haben wir denn die Hoffnung aufgegeben, dass Gott die Beziehung zu den Menschen fortschreibt? – Dass nicht unsere Zeit auch ihre Lehrerinnen und Lehrer hervorbringt, die von Gott inspiriert solches zu sagen haben, dass es Glaubenswahrheit werden kann?

Schreiben nicht heute Menschen inspiriert von Gott Texte, die mit denen des Paulus auf Augenhöhe bestehen können? Und wäre es für uns alle nicht erleichternd, wenn unsere neue Welt sich auch in den heiligen Texten unserer Religion spiegelte?

Wir brauchen den Text, der erklärt, was unter den Bedingungen unserer heutigen wissenschaftlichen Erkenntnisse die Auferstehung noch ist. Und wir brauchen diesen Text nicht nur in theologischen Bibliotheken, wo er längst zu finden ist. Wir brauchen diesen Text auch in jeder Bibel. Genauso wie wir die paulinischen Texte angefügt haben, um mehr Orientierung zu geben, als die vier Evangelien es geben können. Genauso müssen wir den Text unserer Zeit anfügen. Damit wir den Beweis antreten, dass unsere Welt nicht in unversöhnlicher Konfrontation zum Wort Gottes steht.

Der Protestantismus ist die Kirche der Schrift. Aber eine Schrift, die nicht fortgeschrieben wird, verliert ihre Relevanz.

Propheten

Wenn der Protestantismus prophetische Stimmen in unserer Zeit finden will, dann müsste er überhaupt erst mal die Voraussetzung dafür schaffen, dass es Menschen mit erkennbaren Positionen in der protestantischen Kirche gibt. Verhindert wird das durch etwas, was ich am Protestantismus wirklich mag: die Synoden.

Für mich als liberalen Demokraten ist auch das Schöne an der protestantischen Kirche ihre synodale, demokratische Struktur. Der Protestantismus beweist, dass Demokratie und Glaube zusammengehen. Die protestantische Kirche wird getragen von jedem Mitglied. Alle bestimmen direkt oder indirekt mit und geben der Kirche eine Richtung.

Die Synode ist ein wundervoller Gedanke. Menschen kommen zusammen, die sich über den Glauben etwas zu sagen haben, und tragen einander ihre Argumente vor. Sie suchen nach dem gemeinsamen Wesenskern ihrer unterschiedlichen Perspektiven und einigen sich auf eine Glaubensformel.

Besonders brillant ist dieses Konzept, wenn man in einer Versammlung, voll mit lauter jungen Reformatoren sitzt, die gerade die Katholische Kirche auf den Kopf gestellt haben. Menschen, die alles riskiert haben und eine alte theologische Wahrheit nach der anderen mit der Bibel in der Hand zum Einsturz brachten. Mich als Katholik erfüllt diese Vorstellung mit einigem Neid. Aber diese Zeit ist lange vorbei. Bei Ihnen braucht es zwar keine Weihe und gesonderte Lebensform, um die Kirche zu bestimmen, allerdings hilft es ungemein, wenn Sie über 60 Jahre alt sind, Professor und seit Jahren nichts mehr radikal infrage gestellt haben.

Die Praxis der Synoden ist eine verstaubte. Synoden hangeln sich von Kompromiss zu Kompromiss, sie schleifen jede pointierte Position zu einer Langweiligkeit ab. Ja, sie bringen immer wieder auch Richtungsentscheidungen hervor und beweisen, dass sie moderne Lebensformen leichter akzeptieren können als die Katholische Kirche, aber ihre Beschlüsse sind stets von solcher Ecken- und Kantenlosigkeit, dass niemand von all diesen Beschlüssen etwas mitbekommt.

Wie oft schon berichteten mir Protestanten stolz von einem Papier, das sie nun auf Bundesebene beschlossen haben. Sobald der Text ausgedruckt in einem Aktenschrank liegt, meinen Protestanten schon gesiegt zu haben. Aber keine Druckerschwärze auf Papier ist ohne Rezipienten etwas wert.

Die einen rufen: »Aber es steht doch da!«, und ich will antworten: »Aber das liest doch keiner!«

Der Protestantismus krankt an der Schwäche der Konsensdemokratie. Er krankt an der Regierungslosigkeit, weil alle Kräfte immer eingebunden werden aus der Sorge heraus, es könnte wie so oft wieder zur Spaltung kommen. Während in den meisten parlamentarischen Demokratien die Mehrheit regiert, versucht man in den Synoden meist alle einzubinden und verhandelt so lange einen Kompromiss, bis alle Klarheit verloren gegangen ist. Die Revolution steckt dann höchstens noch im juristischen Detail.

Man kann eine Konsensdemokratie erfolgreich leben. Aber sie beinhaltet einige Elemente, die der protestantischen synodalen Verfassung fehlen. In der Schweiz beispielsweise, in der mit Calvin die synodale Verfassung ihren Anfang nahm, kennen wir auch auf der staatlichen Ebene eine Konsensdemokratie. Egal wie die Wahl ausgeht, jede Partei im Parlament ist auch immer Teil der schweizerischen Bundesregierung. Die schweizerische Verfassung kennt im Regierungsalltag nur den Konsens.

Erfolglos wäre dieser Staat, wenn er sich keine Form gegeben hätte, mit der auch schärfere Entscheidungen getroffen werden können. In der Schweiz sind dies die Volksentscheide. Anstatt einer die Richtung vorgebenden Regierung hat sich die Schweiz die Möglichkeit gegeben, dass das Volk die Richtungsentscheidungen fällt. So entsteht auch in einer so sehr auf den Konsens angelegten Demokratie immer wieder eine neue Richtungsbestimmung.

Wohin es führt, wenn man kein Ventil für die Richtungsentscheidung hat, kann man bei der Europäischen Union beobachten. Auch die EU ist ein System, das den Konsens in sich trägt. Heraus kommen Kompromisse im Detail. Die Protagonisten der EU sind kaum bekannt und die Bevölkerung beobachtet die Entscheidungen, die in Brüssel getroffen werden, mit einem gehörigen Maß an Skepsis, falls sie überhaupt davon mitbekommen. Genau wie diese EU ist auch die protestantische Kirche. Sie hat kein Ventil.

Die Protagonisten der protestantischen Kirchen sind kaum bekannt. Ihre Rolle im öffentlichen Diskurs fällt weit hinter die Relevanz von katholischen

Bischöfen zurück. Viel zu viele Protestanten halten den Papst für das Oberhaupt ihrer eigenen Kirche. Nein, das ist leider keine Polemik. Tatsächlich glauben viel zu viele Protestanten, der Papst sei das Oberhaupt ihrer Kirche. Deshalb treten bei einem Skandal in der Katholischen Kirche auch stets Menschen aus der protestantischen Kirche aus. Weil die innere Aushöhlung des Gottesdienstes bei den Protestanten viel dramatischer ist als bei den Katholiken, ist es sogar so, dass bei jedem katholischen Skandal mehr Menschen die protestantische Kirche verlassen als die Katholische. Mir wäre das als Kirche ehrlich gesagt peinlich.

Ich kenne vier Konsequenzen, die aus diesem Problem gezogen werden, und keine hilft. Die erste ist das Beleidigtsein. Protestantische Führungskräfte nehmen sich des Problems ihrer eigenen Nicht-Erkennbarkeit nicht an, sondern schmollen. Wie überhaupt das ständige Heulen, Jammern und Schmollen eine durchaus verbreitete Geisteshaltung unter protestantischen Funktionären ist. Aber was genau hilft dieser Rückzug in die beleidigte Ecke?

Die zweite Konsequenz, die gezogen wird, ist das Pochen auf den Unterschied. Dann wird die eigene Unzulänglichkeit zur Heldentat verklärt. Das sei eben die Qualität des Protestantismus, dass man keine star-

Synoden hangeln sich von Kompromiss zu Kompromiss, sie schleifen jede pointierte Position zu einer Langweiligkeit ab.

ken Führungspersönlichkeiten und Charismen hervorbringe. Schließlich wäre man zu Recht kein Papist. Aber was genau hilft diese Wagenburgmentalität?

Die beiden weiteren Konsequenzen sind verdächtig katholisch. Die dritte nämlich ist es, einfach wegzusehen und so zu tun, als gäbe es das Problem nicht. Aber was genau hilft Ignoranz?

Die letzte und vielleicht peinlichste Konsequenz ist der seltene, aber mit gewisser Regelmäßigkeit immer wieder vorgetragene Ruf nach einem protestantischen Papst. Herrje, wenn der Protestantismus wahrlich sich in Gänze selbst aufgeben will, dann setzt er sich aus Verzweiflung einen absolutistischen Fürsten an die Spitze.

Das Problem bleibt. Der Protestantismus braucht ein Ventil. Er braucht eine Möglichkeit, sich selbst eine pointierte, klare, unabgeschmirgelte Richtung zu geben. Er braucht einen Weg, auf dem sich pointierte Denkerinnen und Denker hervortun können. Nur so werden Persönlichkeiten geschmiedet, die zu Propheten und Kirchenlehrern werden können. Nur so entsteht ein neuer Text, der Teil der fortgeschriebenen Bibel werden kann.

Synoden fand Luther eine gute Idee. Nur eben nicht in der Praxis und schon gar nicht, solange er lebt. Je älter er wurde, desto mehr wurde er vom Zweifelnd-Hadernden zum Aggressiv-Besserwissenden. Das mag seinen Teil dazu beigetragen haben, dass viele Protestanten heute mit Luther hadern. Sosehr sie ihn bewundern, er bleibt mit seiner ruppigen, herrschsüchtigen und oftmals polternden Art vielen Protestanten fremd.

Zweifelsohne, seine Bibelübersetzung ist ein sprachliches Meisterwerk von welthistorischem Rang, aber der historische Luther ist für viele Protestanten irgendwie auch eine unangenehme Persönlichkeit. Das hat er mit jedem Propheten gemein. Wer den Finger in die Wunde legen will, der darf nicht zögerlich oder zurückhaltend sein; und nicht alles, was ein Prophet im Lauf seines Lebens sagt, ist klug genug, dass es Teil einer ewigen Verkündigung werden sollte. Deshalb ist die Heilige Schrift immer eine kuratierte gewesen. Lange Zeit dadurch, dass nur diejenigen Geschichten ihren Weg in die Schrift fanden, die gut genug waren, um über lange Zeit von Mund zu Mund weitergegeben zu werden, und später dadurch, dass eine Kirche auswählte, welche Texte sie beifügt und welche nicht. Es gibt Schriften Luthers, die in der Bibel ihren Platz hätten. Und ausreichend viele, die dort wahrlich nichts zu suchen hätten. Heute, 500 Jahre nach seinem Tod, sind wir wohl distanziert genug, um das zu entscheiden.

Unsere Herausforderung für das Heute ist nicht, dass wir Luthers Texte übernehmen, sondern, so unerträglich Sie den realen Luther finden, wir brauchen einen neuen.

Ich habe kein Problem mit Luther. Ich mag ihn sogar. Wir haben eines gemeinsam. Wir sind beide katholisch aufgewachsen und das macht es mir ungemein leicht, Luther zu ertragen. Ein Polterer, ein Polemiker, ein streitsüchtiger Mann. Differenzierung fiel ihm zeitlebens schwer. Er wählte lieber die radikale Provokation.

Die spezifische innere Haltung, alles doppelt und dreifach abzusichern und zu differenzieren, die zum Charakteristikum protestantischer Persönlichkeiten im Lauf der Zeit wurde, hatte Luther wahrlich nicht mit der Muttermilch aufgesogen. Er war geboren in die katholische Welt, der die Inkonsistenz schon immer immanent war. Er war ein Kind des Katholizismus, das wie alle Katholiken der Emotion im Diskurs Vorrang vor dem zu Ende gedachten Argument gab. Besonders machte ihn nicht, dass er nicht auch in heftige, oftmals pöbelnde Reden verfiel wie andere Katholiken auch, sondern dass er sich frei machte von der ewigen Tradition und sich und seinen eigenen Erkenntnissen eine eigene Relevanz zusprach. Dem katholischen Kollektiv, dessen einzig maßgebliche und durch Traditionen eingemauerte Spitze der Papst in Rom war, entstieg ein zweites Individuum, dessen Autorität sich nicht auf die Tradition, sondern auf die eigene Erkenntnis stützte. Luther blieb nicht der Einzige. Calvin und Zwingli, Melanchthon und Müntzer – überall erhoben sich junge Menschen über die Tradition und sprachen sich selbst die Autorität zu, denken zu dürfen. Welch wahnsinniger Affront. Welch wunderbares Menschheitsglück.

Was man von Luther oder Zwingli lernen kann, ist nicht nur ihre Theologie. Man kann von ihnen lernen, dass man sich frei machen kann von den Fesseln der Tradition, wenn man selbst guten Gewissens glauben kann, dass man über die Tradition hinaus eine Erkenntnis hat, die in einer neuen Zeit die Beziehung zu Gott besser begründet. Wäre es nicht schön, wenn es solche frei denkenden Menschen im Protestantismus wieder gäbe? Wäre es nicht schön, Reformatoren in den eigenen Reihen zu haben, die die Kirche und die Theologie erfolgreich vorantreiben? Wäre es nicht schön, wenn sie alle Traditionen angreifen würden und in diesem Angriff trotzdem willkommen geheißen? Ein klein wenig mehr Radikalität.

Bitte machen Sie Ihren Bischöfinnen und Bischöfen, Kirchenpräsidentinnen und Kirchenpräsidenten keinen Vorwurf. Sie können nicht an der Spitze ei-

Wäre es nicht schön,
Reformatoren
in den eigenen Reihen
zu haben,
die die Kirche
und die Theologie
erfolgreich vorantreiben?

nes synodalen Gremiums stehen, das auf Konsens ausgerichtet ist, und gleichzeitig pointierte und richtungsentscheidende Gedanken vortragen. Was die Kirchenfunktionäre in ihren bestehenden Strukturen suchen, sind Menschen, die andere inspirieren und begeistern, aber dabei keinen Millimeter von den langweiligen Beschlusslagen und Traditionen der jeweiligen Synode abweichen. Gelingen kann dieses Unterfangen nicht.

Innovation braucht Freiheit. An der viel und oftmals zu Unrecht gescholtenen Margot Käßmann konnte man erkennen, wie befreiend es sein kann, wenn man die Zwänge des Amtes verliert und frei die eigenen Thesen vorantreiben kann. Bis heute füllt Margot Käßmann Hallen. Ein Erfolg, der Personen an der Spitze einer Synode nicht vergönnt ist. Wahrlich, Margot Käßmann ist kein Luther, aber sie ist es eben ein gewaltiges Stück weit mehr, als es Heinrich Bedford-Strohm je sein könnte. Nichts, was Margot Käßmann je gesagt hat, sollte Teil der Bibel werden. Aber die Richtung stimmt, weil Käßmann ein Beispiel dafür ist, dass es den frei entfesselt sprechenden Menschen im Protestantismus geben kann. Vielleicht folgt eine andere ihrem Beispiel, die so viel Klügeres zu sagen hat, dass Sie es für alle Zeit bewahren wollen.

Ein paar Gläser Wein zu viel und eine Autofahrt danach waren der Zufall, der die bekannteste Protestantin Deutschlands, Margot Käßmann, hervorbrachte. Aber es braucht nicht nochmals gefährliches Verhalten im Straßenverkehr, um aus diesem Zufall eine wiederkehrende Möglichkeit zu machen. Man kann die Idee von einer starken Persönlichkeit, die den Protestantismus vorantreibt, institutionalisieren, ohne ihr die Fesseln der Synode anzulegen und ohne sie gleichsam zu einem herrschenden Papst zu machen.

Stellen Sie sich vor, alle Protestanten in einem Lande würden alle fünf Jahre eine neue Reformatorin oder einen neuen Reformator wählen. Oder warum nicht gleich alle Protestanten der Welt? Nicht durch Delegierte, sondern durch das ganze Kirchenvolk. Eine Person, die als einzige Aufgabe hat, dem Protestantismus denkerisch vorauszugehen. Eine Person, die von allen Pflichten freigestellt ist, außer zu verkündigen. Die Bücher schreibt und überall inspirierende Reden hält. Eine Person mit großem Kommunikationsbudget, um zugespitzte, öffentliche Kampagnen zu eigenen Überzeugungen zu fahren. Eine Person, die man in jede Talkshow zu jedem Thema schickt, die in sozialen Netzwerken diskutiert, die stets das Wort zum Sonntag spricht und sich dabei mal etwas traut. Eine Person, die mit dem Mandat von Millionen Protestanten an die Spitze gewählt worden ist und gleichzeitig keiner Beschlusslage verpflichtet ist. Gewählt für fünf Jahre und keinen Tag länger und ohne Option auf Wiederwahl. Entweder man hinterlässt durch das eigene Wort in fünf Jahren einen bleibenden Eindruck oder man gerät für immer in Vergessenheit.

Der Umstand, dass es sich um eine Direktwahl durch alle protestantischen Christen handelt, würde anderes Personal hervorbringen, als es jede Synode je könnte. Man muss nicht geschickt Kompromisse schmieden können, sondern kompromisslos mit einer These auffallen, um die Aufmerksamkeit auf sich zu ziehen. Man müsste nicht mit einer allumfassenden und allgefälligen Position für sich werben, sondern könnte eine Idee vorantreiben, die eine Mehrheit begeistert, aber vielleicht einer Minderheit missfällt.

Parallel dazu würde die protestantische Kirche weiterhin geführt mittels ihres altbewährten Systems des synodalen Konsens, das absichert, dass niemand in der Kirche seine Heimat verliert. Ein Miteinander auf der Suche nach dem guten Kompromiss, während in der Öffentlichkeit ihre bekannteste Persönlichkeit den Protestantismus und die Gesellschaft antreibt, über sich hinauszuwachsen.

Vielleicht finden wir unter denen, die im Lauf der Zeit dieses Amt mit der Kraft ihrer Worte und Gedanken zu füllen versuchen, die eine oder den einen, die oder der das Denken neu prägt. Die Person, die die Antwort auf die Fragen unserer Zeit in solch verdichteter Weise findet, dass wir uns nach langer Zeit entscheiden, diese Person Prophetin oder Prophet zu nennen.

Die Kunst, nicht zu zerbrechen

Ich weiß, wie viel dieser Text Ihrer Kirche abverlangt. Er fordert Sie auf, die Gottesdienste einzustellen, die Bibel fortzuschreiben und neben der synodalen Struktur eine Person an die Spitze zu stellen. Wahrlich, das ist von jeder Organisation viel zu viel verlangt.

Man kann nicht erwarten, dass eine Organisation den Pfad verlässt, auf dem sie schon so lange wandelt. Der Grund ist, es würde sie zerreißen. Genauso zerreißen wie vor fünfhundert Jahren, als die Reformatoren den Pfad verließen und die Kirche daran zerbrach.

Einzig, was bleibt uns anderes übrig? Was können wir anderes tun, als die Kirche, die wir erhalten wollen, so zu ändern, dass sie in einer neuen Zeit besteht? Die Alternative wäre, langsam immer weiter auszudünnen und irgendwann ganz verschwunden zu sein.

Nein, der Protestantismus ist es wert, dass man den mutigen Versuch unternimmt, die Todesspirale der ewigen Jammerei zu durchbrechen. Der Protestantismus ist eine solch wuchtige Idee der inneren Freiheit, dass es jede Anstrengung wert ist, dieser Idee eine Zukunft zu geben.

Deshalb schreibe ich dieses Buch. Nicht, weil ich mir sicher bin, in jedweder Hinsicht die Wahrheit über alles und jedes zu kennen, sondern weil ich mir sicher bin, dass eine ernsthafte Debatte über die von mir vorgetragenen Positionen den Protestantismus weiterbringen kann.

Aber es ist nicht an mir, die Entscheidungen für eine Kirche zu treffen, der ich nicht einmal angehöre. Es ist nicht an mir, den Protestantismus in eine neue Form zu gießen, und vielleicht kommt mir nicht mehr an Rolle zu, als ein paar Fragen in einer Radikalität aufzuwerfen, die sonst in dieser Form nicht gestellt würden.

Dennoch, es bleibt das Problem, wie man eine gewaltige Änderung Wirklichkeit werden lässt, ohne dass es einen zerreißt. Dabei ist es völlig egal, ob es eine gewaltige Änderung in meine Richtung ist oder in eine Sie mehr überzeugende andere. Nur, ohne Richtungsänderung geht es eben nicht weiter. Der Gottesdienst ist tot. Er wird nicht wieder lebendig. Die Bibel scheitert im Umgang mit einer radikal geänderten Welt. Ihre Protagonistinnen und Protagonisten an den Spitzen der Synoden können nicht frei genug sprechen, um gehört zu werden.

Ich glaube, ich hoffe, dass eine Reformation ohne Zerreißen gelingt, wenn man sich anders verhält, als die Päpste dies gegenüber den Reformatoren taten. Indem man nicht sofort verdammt, was an wuchtiger Innovation vorgetragen wird, sondern indem man die Veränderung von der Spitze an vorantreibt. Wenn man nicht die Augen verschließt vor dem Scheitern, das schon lange Realität ist, und sich stattdessen den Herausforderungen stellt anstatt sie zu ignorieren.

Deshalb glaube ich auch, dass der leichteste Schritt für den Protestantismus schlicht wäre, das Amt der Reformatorin oder des Reformators einzuführen. Gewählt, wie von mir beschrieben, von allen und ausgestattet mit der Freiheit, alles zu sagen, aber nichts zu tun. Eine Figur, die man sich selbst gibt, um sich anzutreiben, bevor einzelne Radikale ohne Mandat in den eigenen Reihen ein Stück Kirche aus dem Leib des Protestantismus reißen und in eine andere Richtung führen.

Vielleicht
ist es genau das,
was dem
Protestantismus
fehlt.
Die Fähigkeit,
Fehler zu machen.

Einzelne Menschen können begeistern und von neuen Ideen überzeugen. Einzelne Menschen können falschliegen und man kann es ihnen verzeihen. Vielleicht ist es genau das, was dem Protestantismus fehlt. Die Fähigkeit, Fehler zu machen.

Ich erinnere mich an einen Nachmittag mit einer protestantischen Freundin aus einer konservativen Gemeinde. Wir unterhielten uns über irgendeine moralische Regel des Katholizismus, an die ich mich selbstredend niemals hielt. An welche genau kann ich mich nicht erinnern. Die Szene liegt viele Jahre zurück. Aber ich weiß noch genau, dass sie irgendwann in ihrer unnachahmlichen Art schnaubte und pampig zu mir sagte: »Ich versteh euch Katholiken einfach nicht!«

Ausgelöst hatte ihre Reaktion die Selbstverständlichkeit, mit der ich immerfort versuchte zu erklären, dass wir Katholiken ja gut und gerne diese Regel aufgestellt haben können, aber sie doch deshalb nicht davon ausgehen könne, dass sich irgendwer dran hält. Diejenigen, die die Regel machten, übrigens eingeschlossen.

Ich versuchte ihr das Katholisch-Sein auf eine Formel zu bringen: »Ihr Protestanten habt viel weniger Regeln als wir, aber ihr haltet euch dran.« Durchdringen konnte ich bei ihr mit dieser Formel damals noch nicht. Zu sehr war es für sie unvorstellbar, dass angeblich der gesamte Katholizismus durchdrungen sei vom Relativismus. Ein Fehlschluss über die Katholische Kirche, den auch einer ihrer Professoren schon Gerüchten zufolge gemacht hatte.

Unter Katholiken an der Uni Tübingen gab es zu meiner Zeit das Gerücht über eine legendäre Debatte zweier Professoren. Der eine Katholik und der andere Protestant. Der Katholik setzte sich aufs Podium und war weitestgehend unbewaffnet. Der Protestant brachte einen Stapel Papiere als Erstschlagwaffe mit. Es ging um irgendeine Frage der Moral.

Beide begannen zu diskutieren und waren sich in der moralischen Frage schnell einig. Aber dann ging der Protestant zum Frontalangriff über. Er zog ein vatikanisches Papier nach dem nächsten heraus und zitierte wörtlich, dass die vom katholischen Professor vorgetragene Position eben nicht die katholische sei. Der Katholik fühlte sich nicht entlarvt, sondern reagierte eher irritiert darüber, wie denn sein protestantischer Kollege nur glauben könne, dass auch nur irgendein Katholik jemals diese Papiere gelesen habe, geschweige denn sich irgendwo irgendwer dran halten würde.

Die ganze Debatte muss der Erzählung nach zu einer Groteske verkommen sein. Weil der Protestant aggressiv mit dem Finger auf die Blätter tippte und immer wieder sagte: »das steht hier aber!«, und der Katholik immer wieder sagte: »aber es liest doch keiner!«. – So viel zur Legende. Ob sie genau so wahr ist oder nicht, ist im Grunde egal. Sie ist deshalb so gut, weil sie immer weitererzählt wird. Denn für uns Katholiken verdeutlicht sie alles, was wir an Protestanten so unglaublich anstrengend finden: Ihr meint wirklich ernst, was ihr sagt. Eine wahrlich nervige Eigenschaft.

Die kleine Szene mit meiner Freundin hat noch eine Fortsetzung. Aber zwischen dem ersten Teil, den ich Ihnen gerade eben erzählt habe, und dem zweiten Teil liegen Jahre. Irgendwann völlig aus dem Nichts klingelte mein Telefon und eben jene Freundin war ganz aufgeregt dran. Sie berichtete mir, sie sei gerade auf irgendeinem ökumenischen Seminar und sie und ein junger katholischer Mann, den sie durchaus mochte, wären über Fragen der Moral ganz fürchterlich aneinandergeraten. Da habe sie einfach irgendwann den Satz gesagt: »Ich weiß, wir Protestanten haben viel weniger Regeln als ihr, aber wir halten uns halt dran.« Daraufhin stand der Katholik auf. Ging zu ihr rüber, nahm sie in den Arm, drückte sie an sich und antwortete: »Du bist die erste Protestantin, die mich versteht.«

Sie mögen manchen Tag an uns Katholiken verzweifeln. An sehr vielen Tagen vielleicht auch zu Recht. Doch verstehen Sie bitte eines. Wir können uns selbst ertragen, weil an unserer Spitze ein einzelner Mensch spricht. Wir haben einen Papst und der macht auch Fehler. Das können wir verzeihen, weil jeder Fehler menschlich ist.

An der Spitze der protestantischen Kirche steht kein Mensch, sondern ein Gremium. An der Spitze Ihrer Kirche steht immer eine mit allen abgestimmte Position. Die darf nicht falsch sein, sonst wäre alles falsch.

Deshalb bitte ich Sie, versuchen Sie es mit dem fehlerhaften Menschen ganz vorne. Ohne Fesseln, mit der Freiheit, alles zu sagen, aber machen Sie bitte niemals den Fehler, den wir Katholiken nicht mehr korrigieren können: Geben Sie der Stimme an der Spitze niemals auch die Macht.

Ich wünsche Ihnen Gottes Segen und alles Gute und es lebe die Reformation!

Der Verlag weist ausdrücklich darauf hin, dass im Text enthaltene externe Links vom Verlag nur bis zum Zeitpunkt der Buchveröffentlichung eingesehen werden konnten. Auf spätere Veränderungen hat der Verlag keinerlei Einfluss. Eine Haftung des Verlags ist daher ausgeschlossen.

Verlagsgruppe Random House FSC® N001967

Copyright © 2019 Kösel-Verlag, München,
in der Verlagsgruppe Random House GmbH,
Neumarkter Str. 28, 81673 München
Umschlag: Weiss Werkstatt, München
Umschlagmotiv: shutterstock/Formyline
Typografie & Herstellung: René Fink, München
Druck und Bindung: CPI GmbH, Leck
Printed in Germany
ISBN 978-3-466-37238-6
www.koesel.de

📖 Dieses Buch ist auch als E-Book erhältlich.

Ein Buch, das für Aufruhr gesorgt hat

Verschrobene, gefühlsduselnde Wortbilder reihen sich Sonntag für Sonntag auf den Kanzeln aneinander. Die Kirche scheint sprachlich in den Achtzigern hängengeblieben.
Der Kommunikationsprofi Erik Flügge bricht mit Gewohnheiten und entwickelt Strategien für eine zeitgemäße Sprche, damit Kirche bei den Menschen ankommt.

 Kösel

www.koesel.de

Für alle, die sich um unser Land sorgen

Immerfort liest man von der Krise in unserem Land. Als gäbe es keine Hoffnung mehr. Erik Flügge analysiert messerscharf die Stimmung im Land und die Entfremdung zwischen Politik und Wählern. Sein Buch ist gespickt mit Vorschlägen, Teil einer guten Veränderung zu werden. Damit Deutschland wieder ein Land wird, auf das man stolz sein kann – auch als jemand, der das schon lange nicht mehr gesagt hat.

www.koesel.de

Eine Streitschrift zur Machtfrage innerhalb der Kirche

Christiane Florin erzählt in ihrem neuen Buch, was Frauen in der Kirche erleben, wenn sie Fragen stellen oder gar Forderungen. Sie deckt auf, was all das vermeintlich rein Innerkirchliche mit einer weltweiten antifeministischen Entwicklung zu tun hat.

www.koesel.de